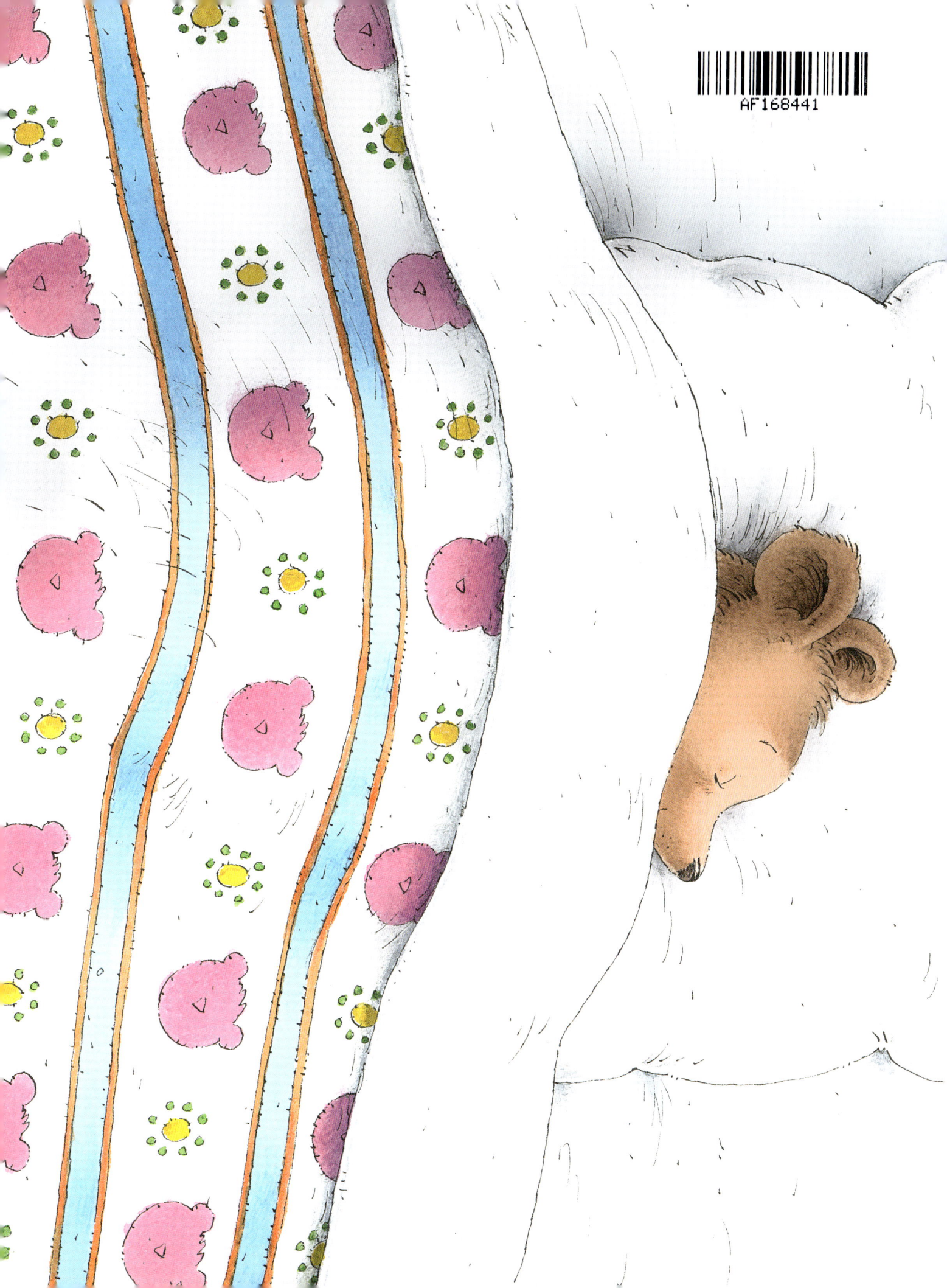

Serena Romanelli wurde in Florenz geboren. Sie besuchte eine Spezialklasse für Illustration an der Rietveld Akademie in Amsterdam. Für Kinder zeichnet sie am liebsten, und Kinderbücher sind für sie eine Welt, in der noch alles möglich ist und Fantasie und Vorstellungskraft eine wichtige Rolle spielen.

Hans de Beer wurde in Muiden in der Nähe von Amsterdam geboren. Nach einem kurzen Geschichtsstudium ließ sich Hans de Beer an der Kunstschule Rietveld Art Academy in Amsterdam ausbilden. Seine Examensarbeit über den kleinen Eisbären Lars bescherte de Beer weltweiten Erfolg und zahlreiche Auszeichnungen und wurde bis dato in 30 Sprachen übersetzt. Hans de Beer lebt als freier Illustrator mit seiner Frau Serena Romanelli in Amsterdam und in der Nähe von Florenz.

© 2021 NordSüd Verlag AG, Franklinstrasse 23, CH-8050 Zürich
Alle Rechte, auch die der Bearbeitung oder auszugsweisen
Vervielfältigung, gleich durch welche Medien, vorbehalten.
Lektorat: Andrea Naasan
Übersetzung: Daniela Papenberg
Lithografie: Frische Grafik, Hamburg
Gestaltung Cover: Fabienne Heeb
Druck und Bindung: Livonia Print, Riga, Lettland
ISBN 978-3-314-10576-0
2. Auflage 2022

www.nord-sued.com
Bei Fragen, Wünschen oder Anregungen schreiben Sie bitte an:
info@nord-sued.com

Der NordSüd Verlag wird vom Bundesamt für Kultur mit einem Strukturbeitrag für die Jahre 2021–2024 unterstützt.

Hans de Beer Serena Romanelli

BRUNO

Kurze Geschichten für lange Nächte

Aus dem Italienischen
übersetzt von Daniela Papenberg

Im Wald fallen die ersten Schneeflocken,
die Bäume sind kahl.
Aber Bruno, der kleine Braunbär,
findet immer etwas Schönes zu tun.

Heute ruft ihn seine Mama und erklärt ihm:
»Bruno, mein Kleiner, nun musst du aufhören zu spielen. Für uns Bären wird es Zeit, schlafen zu gehen. Wir schlafen den ganzen Winter lang. Das wird dir bestimmt auch gefallen, du wirst sehen. Und zum Einschlafen lese ich dir viele, viele schöne Geschichten vor.«
Da springt Bruno husch, husch zurück in die Bärenhöhle, kuschelt sich in sein Bettchen und wartet ganz zufrieden auf…
die erste Geschichte.

GIORGIO, DER KLEINE ELEFANT

Giorgio, der kleine Elefant,
spielte mal am See im Sand:
»Der See, der wird mir jetzt zu eng,
ich will an den Meeresstrand.«

Aber Mama sagt zu ihm:
»Mein süßes Elefantennäschen,
wenn du an den Strand gehen willst,
brauchst du ein Badehöschen.«

Giorgio sucht im ganzen Dschungel,
doch er hat dabei kein Glück.
Für die Hosen, die er findet,
ist sein Popo viel zu dick!

Giorgio lässt den Kopf nicht hängen,
denn er denkt ans schöne Meer,
und dann fängt er an zu lachen.
Mit Löwenmut entscheidet er:

»Elefantenkindern sind doch
Badehosen einerlei.
Das Meer ist riesig, blau und schön,
ich bleibe einfach Nackedei!«

ANTONELLO, DER KLEINE TAPIR

Antonellos Rüsselnase
ist nicht wie bei dir und mir,
sondern ähnelt einem Trichter,
denn Antonello ist Tapir.

In die steckt er, wenn ihm fad ist,
oder fühlt er sich allein,
oder wenn er nichts zu tun hat,
seinen Finger manchmal rein.

Mama sagt »das tut man nicht!«, und sie ist entsetzt.
Doch davon will er nichts hören, und schon hat er sich verletzt.

Laut ruft er: »Schau doch, Mama,
meine Nase blutet ja!«
»Das werden wir jetzt gleich beheben,
ich werde dir ein Pflaster kleben.«

Und anstatt noch viel zu sagen,
gibt sie ihm so einen Kragen
wie für Hunde oder Katzen,
dann kann er sich nicht mehr kratzen.

»Ach wie scheußlich, ach wie hässlich, ach wie albern sieht das aus!
Bis ich gesund bin, gehe ich auf keinen Fall mehr aus dem Haus!«

Sein Schwesterchen, sonst immer ernst,
wackelt fröhlich mit dem Rüssel:
»Ich finde, du siehst gerade aus
wie eine Satellitenschüssel!«

Zu Hause sind nun alle zufrieden,
Antonello ist wieder gesund,
doch seinen Finger steckt er sich
ab heute lieber in den Mund.

FIFO, DER KLEINE ANGSTHASE

Fifo, der kleine Hase, der
hat Angst vor vielen Sachen:
Wenn irgendwo ein Steinchen rollt
oder die Krähen Krach machen.

Armer Fifo, Angsthäschen, buh!
Sogar vor Kartoffelbrei fürchtest dich du!

Doch Tante Kaninchen schlägt etwas vor:
»Ich weiß da ein Kraut«, sagt sie ihm ins Ohr.
»Es ist kein Kleeblatt, aber was Gutes,
es ist das magische Kraut des Mutes!«

Nur Mut, Fifo, Angsthäschen, buh!
Iss schnell das Kraut, und ein Löwe wirst du!

»Wenn ich es finde«, denkt Fifo bei sich,
»wachsen mir Krallen ganz fürchterlich,
und ein Maul mit hundert Zähnen darin,
dann seh'n auch die Schlangen, wie gefährlich ich bin.«

Gut so, Fifo, Angsthäschen, buh!
Wer wird den Wald beherrschen? Du!

Tante Kaninchen gibt ihm das Kraut,
und Fifo verliert die Angst in der Tat.
Doch als sie allein ist, lacht sie laut:
Was Fifo geheilt hat, war nur ein Salat!

DIE SCHWARZE PANTHERIN

Von ihrem Ast aus, groß und stolz,
hält sie Ausschau übers Holz.
Zufrieden könnt' Frau Panther sein,
doch heute denkt sie insgeheim:
»Schwarz ist jeden Tag mein Kleid,
das bin ich schon lange leid.
Von den Tatzen bis zum Ohr,
schwarz kommt mir mein Leben vor!«

Ein Satz – schon springt sie runter:
»Mir reicht's, ich will es bunter!
Aus Blüten mach' ich mir ein Kleid,
die wilde Wiese ist nicht weit.«

Sachte und auf leisen Sohlen
geht sie, um Blumen sich zu holen.
Klebt sie gelb und rot und blau
auf ihr Fell, die Pantherfrau.

»Mit Blumen hab ich mich geschmückt,
das ist mir wirklich gut geglückt.
Frau Tigerin wird blass vor Neid
in ihrem öden Streifenkleid!«
Und Frau Fasan, die kräht ganz laut:
»Nun aber schnell das Nest gebaut!
Der Frühling kommt dies Jahr verfrüht,
Frau Panther ist schon aufgeblüht!«

IKARUS, DAS FLIEGENDE EICHHÖRNCHEN

Ich bin kein Segelflieger
und keine Fledermaus,
ein Eichhörnchen, das bin ich
und in der Luft zu Haus.

Ikarus, so heiße ich,
Fliegen liegt mir im Blut,
nur ein Motor fehlt mir noch,
dann wär ich richtig gut.

Hinunter, immer
derselbe Lauf,
doch flöge ich
viel lieber hinauf!

Ich bin schon ein großer Pilot,
Sturzflug beherrsche ich gut.
Schaut mal, wie ich landen kann,
dazu braucht man viel Mut!

Ich hab auch einen großen Freund,
die Möwe Robinson.
Er nimmt mich auf die Schultern,
so fliegen wir auf und davon.

Endlich hinauf,
immer nach oben,
dank meinem Freund
fliege ich auch nach droben!

DAS NILPFERDMÄDCHEN ROSALINA

Nilpferdmädchen Rosalina
wär gern eine Ballerina,
doch in Bestform bringt sie nur
eine strenge Hungerkur.

Ojemine, ojemine,
Rosalina tanzt Plié
den ganzen Tag mit nichts im Bauch
als zwei Birnen und ein Lauch.

Spitzenschuhe – unbequem,
viel zu eng, nicht angenehm.
Darin zu tanzen, ist ein Graus,
doch sie zieht sie niemals aus.

Ojemine, ojemine,
Rosalina tanzt Plié.
In den Spitzenschuh'n die Zehen
tun ihr weh bis zu den Zähnen.

Doch eines Tages sagt sie sich:
»Auf das Tutu verzichte ich.
Tanzen mag ich gar nicht mehr,
mich satt zu essen aber sehr.«

O wie fein, o wie fein,
so schön kann das Leben sein.
Rosalina, rund und nett,
futtert fröhlich ein Omelett.

O wie fein, o wie fein,
so schön kann das Leben sein.
Rosalinas Bauch ist voll,
doch die Torte schmeckt ihr toll.

ADRIAN, DAS VEGETARISCHE KROKODIL

Im Dschungel bei den Reihern schwimmt fröhlich und entspannt
ein Krokodil im großen See an dessen ruhigem Rand.
Und ist sein Magen einmal leer, dann kriecht es ganz in Ruh
anstatt zu jagen auf die Wiese und grast wie eine Kuh.

Adrian, das Krokodil, hat Möhren gern und Pilze.
Als Vegetarier beißt er nicht in Würstchen oder Sülze.

Auf seinem Rücken sitzen Vögel, doch nie wird er sie jagen,
denn es gefällt ihm viel zu gut, sie umherzutragen.
Wenn er auf Fleisch verzichtet, was füllt ihm dann den Bauch?
Er mag Gemüse, reifes Obst, und Beeren mag er auch.

Adrian, das Krokodil, nährt sich von Zwiebeln und Püree.
Als Vegetarier isst er niemals Fleisch von Kalb und Reh.

Ist endlich der Geburtstag da von unsrem Adrian,
dann laufen seine Freunde für ihn zum Gemüsemann.
Und auf dem Höhepunkt der Feier gibt's Geschenke und Salat,
Luftballons und eine Torte mit Karotten und Spinat.

Denn Adrian, das Krokodil, isst sich nun mal anstatt
an einem Rumpsteak lieber an Bratkartoffeln satt.

DIE SCHILDKRÖTE

Im schattigen Unterholz gehe ich sachte, sachte voran,
schaffe nicht viel Strecke, aber komme am Ende doch an.
Ich habe die Farbe der Blätter, bin langsam bloß im Rennen.
Die Schildkröte bin ich, am Panzer kannst du mich erkennen.

Langsam, ganz langsam, aber sehr wachsam,
kommt die Schildkröte voran...

Als Schildkröte bin ich geboren, nehme das Glück überall mit.
Ich bleibe auch am Leben, wenn der Elefant auf mich tritt.
Wenn es in Strömen regnet oder auf mich fällt ein Stein,
kann mir das nicht wehtun, dann ziehe ich Nase und Füße ein.

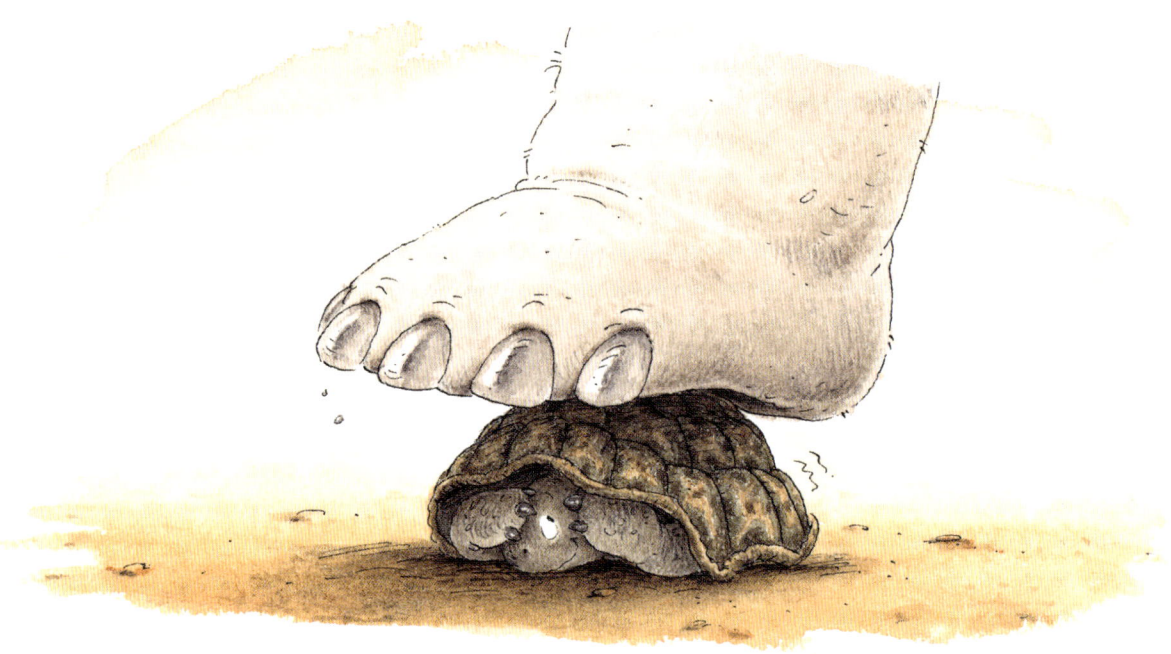

Bedächtig, bedächtig, aber unerschütterlich,
hält die Schildkröte durch…

Heut stelle ich mir auf den Panzer meine große Reisetasche,
darin sind die gelben Schwimmflossen und eine Trinkflasche.
Gleich mache ich mich auf den Weg. In einem Jahr oder zwei,
bin ich bei Tante Marina am Meer, die bringt mir
das Schwimmen bei.

Gemächlich, gemächlich, aber beharrlich,
kommt die Schildkröte ans Ziel…

LUIGINO, DAS NASHORN

Ich bin Luigino, das Nashorn,
trage ein Horn auf der Stirn vorn,
doch um niedlicher zu sein
habe ich noch eins, das ist klein.

Im Dschungel, das weiß jeder hier,
bin ich das allergehörnteste Tier,
doch Vorsicht, wer mich wütend macht
kann was erleben, dass es kracht!

Ich bin Luigino, das Nashorn,
wurde mit einer Rüstung gebor'n,
Blumen zertrampeln, das ist meine Art,
mein Hals ist dick, meine Haut ist hart.

Doch abends, wenn ich in die Heia muss,
gibt meine Mami mir einen Kuss.
Sie streichelt mich und sagt »Gute Nacht,
braves Nashörnchen, gut gemacht!«

Eines Morgens wird Bruno in seinem Bettchen von einem warmen Sonnenstrahl geweckt.
»Guten Morgen, mein Bärchen!«, sagt seine Mama. Dann nimmt sie ihn bei der Pfote, und zusammen gehen sie vor die Höhle. Draußen ist die Luft mild, und überall ist Gras gewachsen.

»Wie schön der Wald jetzt ist!«, ruft Bruno. »Aber die Geschichten, die du mir vorgelesen hast, Mama, die waren auch schön. Ich werde sie allen meinen Freunden erzählen. Ich suche sie gleich. Und im nächsten Winter erzählst du mir noch mehr Geschichten, nicht wahr?«
»Ja, mein Kind, ganz viele, das verspreche ich dir!«, antwortet seine Mama. Sie beugt sich zu ihm hinunter und gibt ihm ein Küsschen, das Willkommen-im-Frühling-Küsschen.